선생님, 인류세가 뭐예요?

선생님, 인류세가 뭐예요?
제1판 제1쇄 발행일 2022년 6월 1일
제1판 제2쇄 발행일 2023년 10월 17일

기획 | 책도둑(김민호, 박정훈, 박정식)
글 | 박병상
그림 | 홍윤표
디자인 | 이안디자인
펴낸이 | 김은지
펴낸곳 | 철수와영희
주소 | 서울시 마포구 월드컵로 65, 302호(망원동, 양경회관)
전화 | 02-332-0815
전송 | 02-6003-1958
전자우편 | chulsu815@hanmail.net
등록 | 제319-2005-42호
ISBN 979-11-88215-72-0 73300

ⓒ 박병상, 홍윤표 2022

* 이 책에 실린 내용 일부나 전부를 다른 곳에 쓰려면 반드시 저작권자와 철수와영희 모두한테서 동의를 받아야 합니다.
* 잘못된 책은 출판사나 처음 산 곳에서 바꾸어 줍니다.
* 철수와영희 출판사는 '어린이' 철수와 영희, '어른' 철수와 영희에게 도움 되는 책을 펴내기 위해 노력합니다.

어린이제품 안전특별법에 의한 기타 표시사항
제품명 도서 | **제조자명** 철수와영희 | **제조국명** 한국 | **전화번호** (02)332-0815 | **제조연월** 2023년 10월 | **사용연령** 8세 이상
주소 04018 서울시 마포구 월드컵로 65, 302호(망원동, 양경회관)
주의사항 종이에 베이거나 긁히지 않도록 조심하세요. 책 모서리가 날카로우니 던지거나 떨어뜨리지 마세요.

선생님, 인류세가 뭐예요?

글 박병상 | 그림 홍윤표

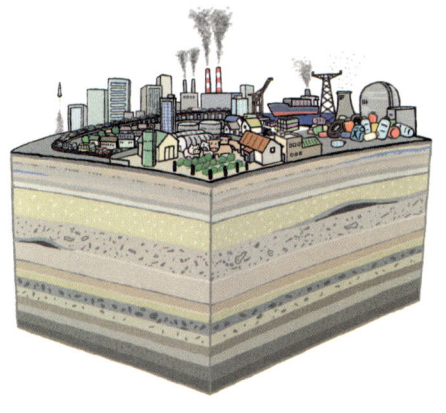

철수와영희

[머리말]

자연이 건강하지 못하면
사람도 건강할 수 없습니다

　　높은 건물에 올라가면 사람이 만든 도시가 한눈에 보입니다. 도시를 보며 사람들은 감탄하지만, 어디까지나 사람 생각입니다. 여름과 겨울에 호주와 시베리아에서 날아오는 철새는 어떻게 생각할까요? 콘크리트로 삐죽 솟은 세상이 두려울 겁니다. 갯벌 위에 세운 신도시나 공항도 마찬가지예요. 개발 전의 갯벌에 머물던 새들은 먹이를 구하지 못해 굶주리지요.

　　에너지를 펑펑 쓰는 사람은 언제까지 괜찮을까요? 건물과 자동차마다 거침없이 내뿜는 온실가스로 더워진 지구는 이제는 견디기 어려울 정도로 뜨거워지고 있어요. 하늘과 땅, 바다에서 우주까지 멀쩡한 자연이 드물어요.

　　사람이 독차지한 지구에 끔찍한 코로나19와 같은 바이러스까지 나타나고 자연재해는 점점 심해지고 있어요. 생태계가 파괴되면서 지구가 건강을 잃었기 때문이에요. 사람도 지구의 일원입니다. 지구가 건강을 잃으면 사람도 건강할 수 없습니다. 지구와 자연, 동물과 식물이 먼저 건강해야 사람도 건강할 수 있어요.

　　생태계를 회복시키려면 어떻게 하면 좋을까요? 사람이 독차지한 지구를 자연에 돌려줘야 해요. 그래야 지구도 사람도 빠르게 건강을 회복할 거예요. 오늘만이 아니라 내일도 행복하려면 늦기 전에 지구를 위한 건강한 삶이 무엇인지 진지하게 생각해야 해요. 어린이도 할 수 있는 일이 많아요. 이 책을 통해 자연과 나누며 사는 삶을 함께 찾아봐요.

　　　　　　　　　　　　　　　　　　　　　　박병상 드림

[차례]

머리말 : 자연이 건강하지 못하면 사람도 건강할 수 없습니다 ____ 4

인류세가 뭐예요?

1. 사람이 지구를 독차지했다고요? ____ 12
2. 인류세가 새로운 지질 시대의 이름이라고요? ____ 14
3. 사람이 만든 흔적만 가득해서 인류세라고요? ____ 18
4. 언제부터 인류세라고 하나요? ____ 21
5. 지구 역사에서 다섯 번의 대멸종이 있었다고요? ____ 24
6. 대멸종은 왜 무서운 건가요? ____ 27

2 인류세의 징후는 뭐에요?

1. 인류세 지층에서는 어떤 화석이 가장 많이 나올까요? ＿＿ 32
2. 화석 연료가 왜 문제인가요? ＿＿ 35
3. 지구는 점점 더워지나요? ＿＿ 39
4. 기상 이변이 왜 자주 일어나나요? ＿＿ 42
5. 왜 플라스틱이 문제인가요? ＿＿ 45
6. 초미세 먼지 때문에 건강을 해친다고요? ＿＿ 48
7. 핵 발전소는 왜 위험한가요? ＿＿ 51
8. 핵 발전으로 기후 위기를 막을 수 있다고 하던데요? ＿＿ 54
9. 지구를 뒤덮고 있는 콘크리트가 왜 문제인가요? ＿＿ 57

3

여섯 번째 대멸종은 어떻게 진행되나요?

1. 사람의 욕심이 문제라고요? ___ 62
2. 땅이 황폐해지고 있다고요? ___ 65
3. 숲과 강이 파괴되고 있다고요? ___ 67
4. 생물이 사라지고 있다고요? ___ 70
5. 가축을 지금처럼 많이 키우고 먹어도 되나요? ___ 74
6. 우리가 먹는 음식은 안심할 수 있나요? ___ 76
7. 물고기가 줄어들고 있다고요? ___ 79
8. 언제까지 안심하고 숨을 쉴 수 있나요? ___ 82

대멸종을 막을 수 있나요?

1. 여섯 번째 대멸종을 막을 수 있나요? _____ 86
2. 경제가 성장할수록 행복해지나요? _____ 90
3. 환경과 생태를 위해 어떤 정의가 필요한가요? _____ 93
4. 생태계의 아름다움을 느낄 수 있는 세상을 만들 수 있나요? _____ 96
5. 지구의 모든 생물이 더불어 살려면 어떻게 해야 해요? _____ 99
6. 어린이는 대멸종을 막기 위해 무엇을 할 수 있나요? _____ 102

1

인류세가 뭐에요?

1. 사람이 지구를 독차지했다고요?

　세계 인구는 머지않아 80억 명을 넘어설 거예요. 사람은 포유동물(젖먹이동물)에 속하는데요. 현재 지구에 사는 포유동물의 무게를 모두 합치면 그중에 사람의 무게는 얼마나 될까요? 사람의 무게가 30%나 된대요. 67%는 가축이고요. 사람이 먹거나 옷을 만드는 데 필요한 동물이지요. 자연에 사는 포유동물의 무게는 3%에 불과해요. 텔레비전에서 '동물의 왕국'을 보면 커다란 고래에서 작은 들쥐까지 종류는 여러 가지인데, 무게로 따지면 겨우 3%뿐이라니…. 이제는 자연에 사는 포유동물은 보기 어려워요. 새는 어떨까요? 닭과 오리처럼 사람이 먹거나 털을 이용하려고 키우는 조류가 지구에 사는 조류의 90%가 넘어요.

　사람이 지구를 독차지하게 된 지금을 인류세라고 말해요. 사람과 가축이 전체 포유동물의 97%를 차지하는 지구는 건강하지 않아요. 이렇게 된 것은 오래전 일이 아니에요. 지구에 사람이 넘치는데, 사람끼리도 공평하지 않아요. 살아가면서 꼭 필요한 식량과 자원도 골고루 나뉘지 않지요. 사람 사이에 다투는 일도 계속 늘어나고 있어요.

2. 인류세가 새로운 지질 시대의 이름이라고요?

지구 속은 엄청 뜨거워요. 용암이 땅속에서 시뻘겋게 끓고 있는데, 지구의 겉껍질인 '지각'이 용암을 밖으로 나오지 못하게 막고 있어요. 그런데 지각 중에서 얇은 곳을 뜨거운 용암이 폭발하듯 뚫고 나와요. 이를 '화산 폭발'이라고 해요. 용암은 공기 중에서 식으면서 바위로 굳는데, 지구가 생성된 46억 년 전부터 그런 현상이 반복되었어요.

이때 동물이나 식물이 화산 폭발로 죽게 되면 화석으로 남게 돼요. 흙이나 화산재에 파묻힌 상태로 굳으면 동물의 뼈나 조개의 껍데기처럼 몸의 단단한 부분이 흔적으로 남는 거예요. 그래서 수억 년 전 살았던 생물의 화석을 발견하면 학자들은 그 생물이 살아 있을 때의 생김새를 추측할 수 있어요. 또 어떤 환경에서 어떻게 살았는지 짐작해 냅니다. 공룡 화석을 찾으면 그 공룡이 어떻게 생겼는지 어떤 환경에서 살았는지 상상할 수 있어요.

지금부터 대략 2000년 전, 이탈리아 남쪽의 도시 폼페이에서 거대한 화산이 폭발했어요. 많은 사람이 화산재에 휩싸였다고 해요. 수

대	세/기	시기	
신생대 CENOZOIC	홀로세 HOLOCENE	현재	
	플라이스토세 PLEISTOCENE	약 1만 년 전	제4기
	플라이오세 PLIOCENE	258만 년 전	
	마이오세 MIOCENE	533만 년 전	제3기
	올리고세 OLIGOCENE	2,380만 년 전	
	에오세 EOCENE	3,390만 년 전	
	팔레오세 PALEOCENE	5,580만 년 전	
중생대 MESOZOIC	백악기 CRETACEOUS	6,600만 년 전	
	쥐라기 JURASSIC	1억 4,550만 년 전	
	트라이아스기 TRIASSIC	1억 9,900만 년 전	
고생대 PALEOZOIC	페름기 PERMIAN	2억 5,100만 년 전	
	석탄기 CARBONIFEROUS	2억 9,900만 년 전	
	데본기 DEVONIAN	3억 5,920만 년 전	
	실루리아기 SILURIAN	4억 1,600만 년 전	
	오르도비스기 ORDOVICIAN	4억 4,370만 년 전	
	캄브리아기 CAMBRIAN	4억 8,830만 년 전	
원생누대 PROTEROZOIC		5억 4,200만 년 전	
시생누대 ARCHEAN		약 25억 년 전	
지구 탄생		약 38억 7,500만 년 전	
		약 45억 6,700만 년 전	

많은 생물을 죽음으로 이끈 커다란 재난이었죠. 무서워서 서로 끌어안은 사람의 화석을 얼마 전에 찾아냈는데, 그때의 참상을 짐작할 수 있어요. 생물이 피하지 못하는 자연의 커다란 재난은 오래전에도 있었고, 화석으로 흔적을 남깁니다. 화석 위를 덮은 땅에 다른 생물이 살다 다시 묻히기를 반복합니다. 대략 5억 4천만 년 전부터 그런 과정이 되풀이되면서 층이 생겼지요. 이를 '지층'이라고 해요.

이런 지층의 이름을 붙이는 학자들의 모임이 있어요. 국제지질학연합 산하에 있는 '국제 층서위원회'예요. 국제 층서위원회는 우리가 현재 딛고 있는 지층의 이름을 '홀로세'라고 정했어요. 현재의 지질 시대는 신생대 4기 홀로세라고 불러요. 홀로세는 1만 년 전, 사람들이 농사를 짓기 시작한 때부터를 일컬어요. 이때부터 농사를 짓기 위해 동물과 식물의 터전을 파헤치면서 지층에 큰 변화를 주었어요.

1만 년이 지난 지금 인류가 지구를 독차지하고 있어요. 자연의 온갖 생물과 함께 살던 홀로세 지층에는 이제 사람의 흔적이 가득해요. 건물과 공장, 도로와 자동차 등 예전 지층에는 없던 것들이에요. 게다가 석탄이나 석유 같은 '화석 연료'를 태우면서 땅과 하늘이 오염되고 지구는 점점 뜨거워집니다. 지층이 오염되고 더러워지고 있어요. 이를 견딜 수 없는 동물과 식물이 멸종되고 있어요. 쓰레기 때문에 바다가 오염되면서 물속 생물도 줄어들고 있어요. 이 사실을 국제 층서위원회의 학자들이 주목했어요.

국제 층서위원회의 학자들은 이제는 우리가 살고 있는 지질 시대의 이름을 인류세라고 바꿔야 한다고 생각합니다. 인류세라는 명칭은 1995년 노벨상을 받은 파울 크뤼천이라는 과학자가 2000년 멕시코에서 열린 국제회의에서 제안했어요. 인류에 의해 지금 지구가 급격하게 변했기 때문에 지금 우리가 딛고 있는 지층 이름을 홀로세와 구별되는 새로운 지질 시대의 명칭인 인류세로 부르자는 거예요.

3. 사람이 만든 흔적만 가득해서 인류세라고요?

수백만 년 동안 지구는 차갑다가 따뜻하기를 반복했어요. 그러다 1만 2천 년 전부터 지구의 기후는 따뜻해졌고 이런 기온이 유지되었어요. '빙하'라고 하는 얼음덩어리가 육지의 3분의 1 이상을 덮었다가 녹았어요. 아프리카에 살던 최초의 사람이 빙하가 녹으면서 사는 곳을 넓혔다고 해요.

단단한 가죽이나 따뜻한 털, 날카로운 이빨이 없는 사람은 모여서 함께 살아야 했어요. 돌을 깨 날카롭게 만든 무기를 들고 남자들이 사냥을 나가면 여자들은 먹을 식물을 찾아 숲과 들을 뒤졌어요. 그때를 '수렵 채집 사회'라고 하지요. 학자들은 당시 수렵보다 채집이 많았을 거라 짐작합니다.

인류가 농사를 쉽게 터득한 건 아닐 거예요. 마을에서 멀수록 맹수가 많았겠죠? 여자들이 멀리 나가서 맛있는 식물과 과일을 잔뜩

채집했는데, 맹수가 다가오면 놀라서 달아났을 거예요. 채집한 식물을 많이 떨어뜨렸겠지요. 아쉬워서 그 자리를 찾아간 사람이 있을지 몰라요. 거기서 맛있는 식물이 잔뜩 자라는 걸 봤겠죠. 그런 경험이 쌓이면서 마을 가까이에서 농사를 시작했을 겁니다. 지구의 기후가 따뜻해지고 농사를 짓기 시작한 때부터 홀로세라고 해요.

  지구가 태어난 46억 년 전을 1년 전이라고 생각해 봐요. 그래야 이해가 쉬워지니까요. 사람은 12월 31일 밤 11시쯤 태어났어요. 농사는 밤 11시 59분, 그러니까 자정 1분 전에 시작한 겁니다. 홀로세는 1년 중에서 겨우 1분 전부터라고 보면 되죠. 그런데 지금 지구는 온통 사람이 만든 기계와 건물, 도로가 독차지했어요. 인류세는 0.1초 동안 일어난 일이에요. 사람이 지구에 끼치는 영향이 홀로세보다 훨씬 빨라지고 커진 거지요. 커다란 재난이 와서 지금 지층이 흙으로 뒤덮인다고 상상해 봐요. 이후 어떤 외계인이 지구에 와서 지층을 연구한다면, 우리가 살았던 지층을 사람이라는 종의 흔적이 가득하기에 인류세라고 정할 게 틀림없습니다.

4. 언제부터 인류세라고 하나요?

 언제부터 인류세로 보아야 할까요? 총과 대포를 들고 남의 나라를 침략해 자원을 약탈하던 시대부터 인류세로 보자고 주장하는 학자가 있어요. 대략 1600년대 초기입니다. 아메리카 대륙에 살던 많은 선주민이 무참하게 희생되고 자원을 빼앗겼어요. 그뿐 아니라 정복자가 퍼뜨린 병균으로 많은 사람이 희생되었지요.

 인류는 인구가 급격히 증가하고 화석 연료를 사용하면서 경쟁이 심해졌어요. 물건을 남보다 빨리 많이 만들어 경쟁에서 이기면 다른 사람을 지배할 수 있잖아요. 그러자면 많은 자원을 먼저 차지해야 했어요. 총과 화약을 잘 다루는 지역이 다른 지역의 자원을 약탈하고 전쟁도 일으킨 거지요.

 1945년부터 인류세로 보자고 주장하는 학자도 있어요. 콕 집어 1945년을 말하는 이유는 핵무기와 플라스틱 때문이에요. 핵 폭탄으로 일본 히로시마와 나가사키에서 수많은 사람이 목숨을 잃었어요. 사람이 사람을 대규모로 죽인 재난이 벌어진 거예요. 그 무렵에 사람들은 플라스틱을 본격적으로 사용하기 시작했어요. 플라스틱은 자연에서 잘 분해되지 않는 물질이지요. 핵무기와 플라스틱으로 인한 돌이킬 수 없는 재앙이 1945년에 시작되었다고 생각한 겁니다.

국제 층서위원회는 언제부터 인류세로 볼 것인지 아직 결정하지 못했어요. 농사가 발전하고 인구가 지나치게 늘어나면서 사람은 서로 살아남으려고 치열하게 경쟁했습니다. 두 차례 세계 대전을 일으키기도 했지요. 충분할 거라고 믿은 화석 연료는 고갈을 걱정해야 할 정도로 줄었어요. 온실가스로 지구가 더워지더니 기상 이변으로 재난도 자주 발생합니다. 자원을 대규모로 낭비한 사람들은 이제 미래 세대의 몫까지 차지하려고 경쟁합니다. 이런 식으로는 인류가 계속 살아갈 수 없어요. 인류가 사상 최악의 재난을 불러들이려고 해요.

5. 지구 역사에서 다섯 번의 대멸종이 있었다고요?

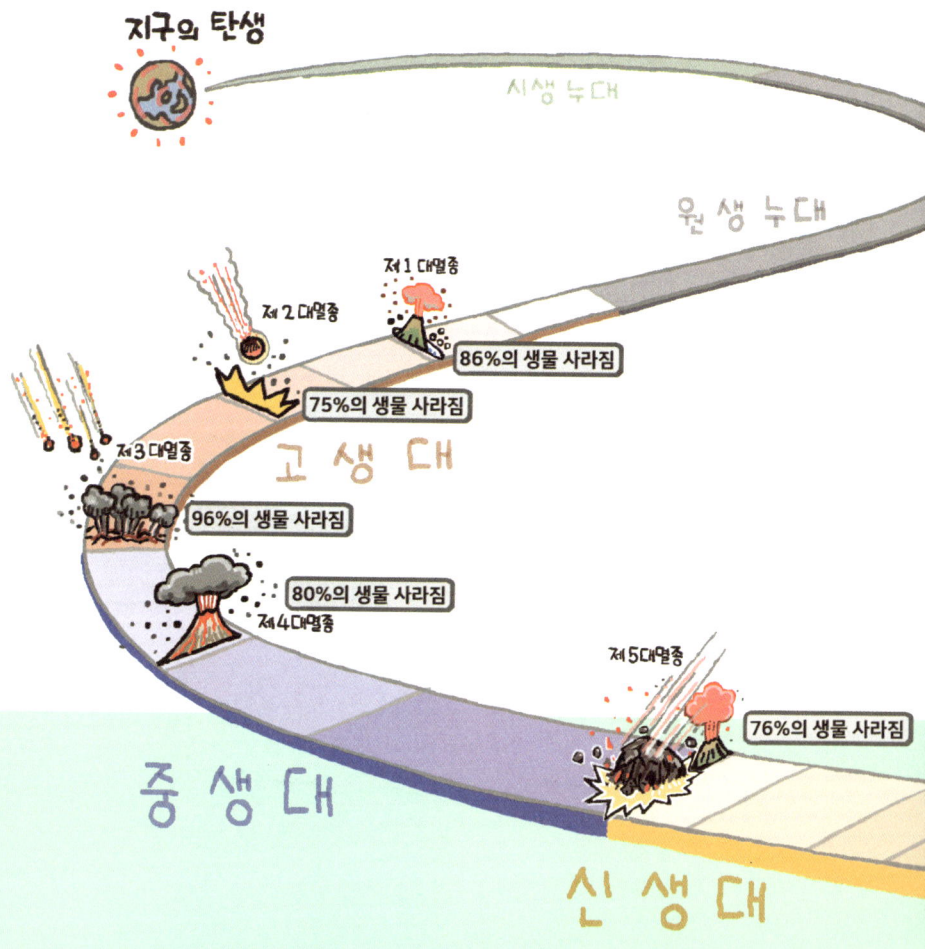

1800년대 말에서 1900년대 초, 우리나라를 4번 방문한 영국의 지리학자 이사벨라 버드 비숍 여사는 호랑이에 관한 이야기를 했어요. 겨울철 산간 마을의 여관에서 있었던 일이에요. 후끈후끈한 온돌방이 비숍 여사에게 더웠나 봐요. 그래서 창호지 바른 문을 조금이라도 열려고 하면 같이 머물던 손님들이 반대를 했다고 해요. 호랑이가 들어올까 봐 무서워했다는 거예요.

　해마다 수십 마리를 잡아 가죽을 왕에게 바쳤을 정도로 많았던 호랑이는 1921년 이후 자취를 감춥니다. 일제 강점기에 야마모토라고 하는 일본인이 우리나라로 와서 토벌대를 만들어 전국을 돌아다녔어요. 호랑이는 물론이고 표범과 늑대를 모조리 사냥하는 일이 벌어진 거예요. 야마모토는 호랑이 고기를 먹는 행사를 벌이기도 했어요. 이제 호랑이는 세계적으로도 보기 어렵게 되었습니다. 우리나라에는 동물원에만 있어요.

　상어도 마찬가지예요. 상어가 가끔 수영하는 사람을 해치지만 우리는 위협이 되는 상어를 잡기보다는 요리를 위해 해마다 수십만 마리를 잡지요.

　지구 최초의 생명은 바다에서 생겨났어요. 지금과 다

른 모습이었던 그 당시 육지에는 아무런 생물도 살지 않았어요. 생물이 바다에서 육지로 올라온 건 대략 4억 년 전인데, 그때부터 6600만 년 전까지 다섯 차례 대멸종이 발생합니다.

다섯 차례 벌어진 대멸종은 막대한 화산 폭발이나 거대한 운석 충돌로 인한 지구 환경의 변화 때문입니다. 당시 생물이 감당할 수 없는 자연재해와 기후 변화가 일어난 거죠. 4억 4500년 전, 첫 번째 대멸종은 화산 폭발 뒤에 일어난 급작스러운 빙하 때문이었어요. 살던 생물의 86%를 사라지게 했어요. 두 번째 대멸종은 3억 7000만 년 전 운석이 충돌해서 벌어졌어요. 75%의 생물이 사라졌어요.

세 번째 대멸종은 2억 5200만 년 전 거대한 운석과의 충돌 때문이에요. 이때 지각이 뒤흔들리며 화산 폭발이 연이어 일어났어요. 맹독성 물질이 솟아 나왔을 뿐 아니라 막대한 화재로 지구가 급격히 더워졌어요. 생물의 96%가 그 이유로 사라졌습니다. 2억 100만 년 전에 80%의 생물을 사라지게 한 네 번째 대멸종은 화산 폭발이, 그리고 비교적 최근인 6600만 년 전 다섯 번째 대멸종은 거대한 운석 충돌과 화산 폭발이 원인이었습니다. 76%의 생물이 사라졌어요.

다섯 번의 대멸종은 화석과 지층에 기록되어 있습니다. 그때는 다행히 사람이 살지 않던 때였죠. 그러면 여섯 번째 대멸종도 올까요?

6. 대멸종은 왜 무서운 건가요?

사람은 지구에 언제 어떻게 생겨난 걸까요? 많은 학자가 연구해 왔는데, 분명한 것은 현재 자연에 사는 동물 중에 가장 늦게 나타났다는 사실입니다. 사람은 다른 야생 동물에게서 볼 수 있는 특징인 강한 근육이나 이빨이 없어요. 하지만 생태계에서 최고의 지위를 누리고 있어요.

사람은 단단한 가죽이 없고 맹수를 재빨리 피할 능력도 없지만, 한 군데에 모여서 서로 도움을 주고받으면서 어려움을 견디고 살아남을 수 있었습니다. 말을 주고받으며 위험을 피하고 생존의 기회를 넓혔으며 도구를 만들어 사용하면서 자연을 지배하게 되었어요.

1955년 인도네시아에서는 모기를 퇴치하기 위해 디디티(DDT)라는 살충제를 뿌렸어요. 디디티를 뿌리자 신기하게 모기가 사라졌어요. 그런데 나무를 파먹는 나방 애벌레가 비실거리며, 너무 쉽게 도마뱀의 먹이가 되는 거예요. 이상한 일이 계속되었어요. 디디티에 중독된 애벌레를 먹은 도마뱀의 동작이 느려진 거죠. 얼씨구나 하고 도마뱀을 잔뜩 잡아먹은 고양이가 죽으니 집 안에 쥐가 들끓기 시작했죠.

쥐가 옮기는 병인 페스트에 걸리는 사람이 갑자기 늘었는데, 거기에서 끝나지 않았어요. 도마뱀이 줄어들자 다시 늘어난 나방 애벌레가 지붕을 받친 나무를 파먹었어요. 그래서 사람이 살고 있는 집의 지붕이 무너졌어요. 비슷한 일이 우리나라와 다른 나라에도 많이 있었을 거예요.

　모기를 퇴치하려고 생명 공학이 나섰어요. 알을 낳지 못하게 유전자를 바꾼 모기를 미국 생명공학자가 남미의 숲에 풀어 놓았던 적이 있습니다. 2016년 귀찮게 굴던 모기는 사라졌는데, 무서운 '지카 바이러스'가 나타났어요. 이유를 알 수 없지만 지카 바이러스가 나타난 곳에서 뇌가 제대로 발달하지 못하는 소두증에 걸린 아기가 태어나는 불행한 일이 생겼어요.

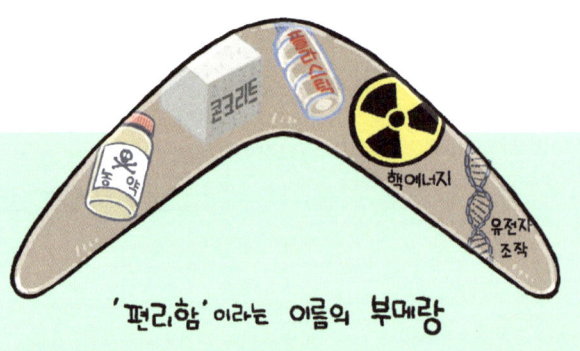

'편리함'이라는 이름의 부메랑

이처럼 세상에 없던 살충제를 사용하거나 모기의 유전자를 바꾼 건 사람입니다. 지구에 가장 늦게 나타난 사람이 화석 연료를 낭비하면서 지구의 기후가 위험할 정도로 변화하자 적응하지 못한 생물들이 사라져갑니다. 핵 발전으로 전기를 생산하면서 많은 생명이 위기를 맞고 있습니다. 콘크리트로 건물을 잔뜩 짓고, 아스팔트 도로 때문에 자연이 끊어지자 새로운 병균과 바이러스가 늘어납니다. 코로나19 바이러스도 그 예의 하나라고 학자들은 말합니다.

기후와 자연을 연구하는 학자들은 지금 '여섯 번째 대멸종'이 진행 중이라고 확신합니다. 전부 사람이 저지른 일입니다. 사람도 이 위험을 피할 수 없습니다. 이미 위험해진 인류세는 언제까지 이어질 수 있을까요?

2

인류세의 징후는 뭐예요?

1. 인류세 지층에서는
어떤 화석이 가장 많이 나올까요?

공룡이라고 하면 먼저 티라노사우루스가 떠오르나요? 공룡 시대의 천하무적이라고 생각하는 티라노사우루스는 아무도 실물을 본 적이 없습니다. 화석을 바탕으로 어떻게 생겼는지 파악하고 같은 지층에서 찾은 다른 동물과 식물의 화석을 연구하면서 그때 살아가던 방식을 밝혀낸 겁니다.

1883년 인도네시아 크라카타우섬에서 일어난 화산 폭발로 섬의 대부분이 사라진 적이 있어요. 크고 작은 많은 생물이 파묻혔어요. 2021년 12월 초 인도네시아 자바섬에서 화산이 폭발해 사람 키보다 높게 화산재가 쌓였다고 합니다. 사람들은 대부분 구조됐지만 가축

가장 개체수가 많은 야생 조류
참새: 약 16억 마리

을 포함해 많은 생물이 파묻혔어요. 다섯 차례 있었던 대멸종처럼, 인류세 지층을 뒤덮을 정도로 화산이 폭발한다면 사람 이외에 어떤 화석이 가장 많을까요?

 세계에서 가장 많이 먹는 가축이 닭이에요. 우리나라는 해마다 10억 마리 가까이 닭을 먹습니다. 그래서 닭 뼈 화석이 가장 많이 남을 거라고 추측하기도 해요. 그런데 인류세 지층에 닭 뼈 화석은 많

닭: 약 230억 마리

지 않을 듯합니다. 너무 어릴 때 잡아먹기 때문에 뼈가 단단하지 않아 화석으로 남기 어려워요. 더 키우면 고기가 질겨 팔리지 않기 때문이라는데, 소와 돼지도 비슷합니다.

인류세 지층에는 닭 뼈가 아니라 생태계에 겨우 살아 있는 동물이나 집 안에서 오래 키우는 반려동물인 개와 고양이가 사람의 화석만큼 남는 건 아닐까요?

2. 화석 연료가 왜 문제인가요?

　우리 몸의 70%는 물이에요. 물은 수소와 산소로 돼 있어요. 수소와 산소 같은 물질은 현미경으로 볼 수 없을 정도로 무척 작은데, '원소'라고 말합니다. 우리 몸에서 뼈를 뺀 나머지 대부분을 차지하는 단백질과 지방은 수소, 산소와 더불어 탄소로 형성됩니다. 다른 동물도 비슷해요. 그중 탄소는 지구의 모든 생물에 가장 기본이 되는 물질입니다. 석탄과 석유는 화석처럼 아주 오래전에는 생물의 몸이었어요. 식물이 석탄으로 동물이 석유로 바뀌었어요. 그래서 석탄과 석유를 '화석 연료'라고 말합니다. 화석 연료에는 탄소가 많습니다.

　탄소를 태우면 공기 중의 산소와 결합해서 '이산화탄소'가 됩니다. 동물이 숨을 쉬어도 이산화탄소가 나오는데, 아주 적은 양이 천천히 나옵니다. 이런 이산화탄소는 식물이 성장하거나 열매를 맺는 데 이용되지만, 문제는 화석 연료가 일으킵니다. 화석 연료의 지나친 사용으로 많은 양의 이산화탄소가 한꺼번에 너무 빨리 나와요. 식물이 이용하는 양보다 훨씬 많으면 공기 중에 이산화탄소의 양이 늘어나겠지요? 그 정도가 지나치면서 지구가 더워지고 있어요.

화석 연료를 소비하는 도시가 점점 커지고 있어요. 도시를 잇는 도로에 자동차가 넘쳐요. 집과 건물도 커졌죠. 사람이 사용하는 가전제품도 많아졌어요.

2021년 12월 현재 우리나라에는 2,491만 대의 자동차가 있어요. 얼마나 많은 이산화탄소가 도로에서 나올까요? 60개의 화력 발전소에서 쏟아내는 이산화탄소도 어마어마합니다. 면적 대비로 세계에서 가장 많은 이산화탄소를 배출할 정도입니다. 그만큼 우리나라 주변의 공기와 바다가 더워졌죠. 공기도 나빠졌어요. 온실가스뿐 아니라 전에 없었던 '미세 먼지'와 '초미세 먼지'가 상당히 늘었으니까요.

더 주목해야 할 사실이 있어요. 우리는 가전제품과 자동차를 경쟁적으로 사들입니다. 상품 광고를

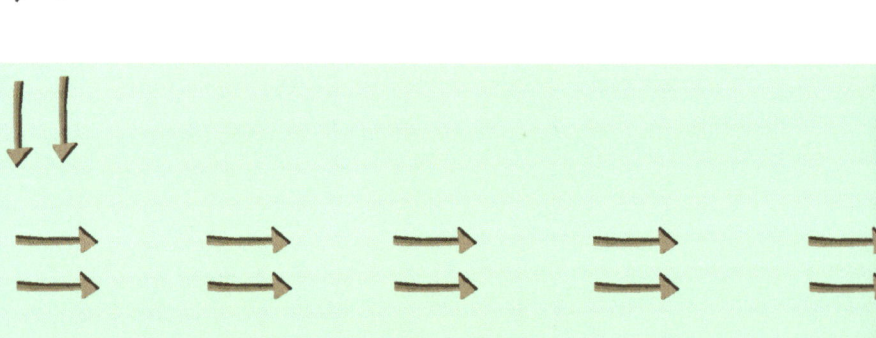

하면 당장 필요하지 않아도 사요. 그러자 온실가스가 더욱 늘어났어요. 이제는 더워지는 데 그치지 않아요. 기후가 이상하게 변합니다. 전에 없던 일이라서 '기상 이변'이라고 해요. 기후 변화가 점점 심해지면서 기상 이변이 많아지고 생태계가 무너집니다. 그래서 이제는 '기후 위기'라고 해요.

3. 지구는 점점 더워지나요?

    지구를 온실처럼 덥게 만드는 온실가스 중 이산화탄소의 양이 압도적으로 많아요. 그래서 과학자들은 이산화탄소를 온실가스의 대표처럼 이야기해요. 그렇다고 다른 종류가 무시할 만큼 적은 건 아니에요. 메탄이라는 물질도 주요 온실가스 중의 하나인데, 가축을 키울 때 많이 나옵니다. 메탄은 이산화탄소보다 20배 이상 지구를 덥게 만든다고 해요. 소의 방귀나 트림에서 가장 많이 나와요. 우리가 고기를 적게 먹으면 메탄 발생은 많이 줄어들겠지요?

    휘발유나 경유로 움직이는 자동차에서 나오는 이산화질소도 주요 온실가스입니다. 자동차 사용을 줄이면 이산화탄소와 이산화질소도 줄일 수 있어요.

    다행히 메탄은 2030년까지 지금보다 30% 줄이기로 약속했어요. 2021년 11월 영국에 모인 세계 100여 국가의 대표가 그렇게 결정했는데, 약속을 지키려면 고기를 덜 먹어야 합니다.

    몇 년 사이에 기후 변화가 심해지는 거, 여러분도 느끼나요? 에어컨이 필요 없던 캐나다에 섭씨 49도가 넘는 폭염이 덮친 적이 있어요. 2021년입니다. 겨울에 난로가 필요 없던 미국 남쪽의 텍사스주에 추위가 닥쳤어요. 2020년 일인데, 분수가 얼어붙었어요. 예전에 없던 기상 이변입니다. 2021년 겨울에 '토네이도'라고 하는 회오리바람이 미국에 불었어요. 그해 겨울이 이상스럽게 덥더니 역사상 가장 거센 토네이도로 100명 가까운 사람들이 목숨을 잃었다고 해요. 우리나라는 어떤가요? 할아버지, 할머니나 부모님께 여쭤보세요. 한숨 쉬시며 요즘 같은 날씨는 옛날에 없었다고 말씀하실 거예요.

에어컨 없는 집이 거의 없죠. 여름에 에어컨 없이 열대야를 버티기는 힘들어요. 상점은 물론이고 학교와 관공서도 에어컨을 켜요. 에어컨으로 몸은 잠깐 시원하지만, 지구는 그만큼 더 더워집니다, 전기

온실가스를 줄이려면

고기를 덜 먹는다.

를 많이 소비하니까요.

　과학자들은 이산화탄소를 모으는 방법을 연구하고 있어요. 어려운 말로, '탄소 포집'이라고 해요. 그런데 아직 불안정해요. 이산화탄소를 드라이아이스로 단단히 뭉칠 수는 있지만 보관할 방법이 마땅치 않기 때문이에요. 드라이아이스는 영하 80도 이하로 보관해야 해요. 그렇게 보관하려면 엄청난 전기가 필요하겠죠? 이산화탄소를 단단한 암석에 깊이 파묻어도 소용없다고 해요. 지진이 날 위험이 있으니까요. 이산화탄소를 안전하게 보관할 수 있는 방법을 찾을 수 있을까요?

차를 덜 탄다.　　　　　　　　　전기를 덜 쓴다.

4. 기상 이변이 왜 자주 일어나나요?

홀로세 시작 이후 기후는 거의 바뀌지 않았어요. 날씨는 정확하게 똑같지 않더라도 계절마다 거의 비슷했어요. 그런데 요즘은 기상 이변이 흔해졌어요. 일상이 되었어요.

겨울에도 강물이 얼지 않고 눈이 내리는 날도 드물어졌어요. 비가 내리던 때에 가뭄이 오고, 눈이 내리던 때에 비가 와요. 2010년에는 겨울이면 눈이 두툼하게 쌓였던 캐나다 밴쿠버에 겨울비가 내렸어요. 2020년 겨울에는 나이아가라 폭포가 얼어붙더니 2021년 미국 중부 지역에는 토네이도가 휩쓸었어요. 미리 짐작할 수 없던 이변이라 큰 피해를 봤어요. 동물과 식물은 사람보다 더 심하게 희생되었어요.

북극의 빙하도 점점 녹고 있어요. 빙하가 지나치게 얇아져서 커다란 배가 다닐 정도가 되었다고 해요. 그러자 북극곰이 사라지고 있어요. 빙하가 사라지면서 바다로 흡수되는 햇볕이 늘어나 북극해가

따뜻해져요. 북극 주변을 빠르게 돌며 북극 일대에 차가운 공기가 머물도록 막아주던 '제트 기류'가 약해졌어요. 우리나라와 미국, 그리고 유럽에 추운 극지방 바람이 휩쓰는 현상이 예고 없이 생기게 되었어요.

인도와 중국 사이에 티베트고원이 있어요. 빙하로 덮여 있던 이곳은 계속 녹더니 2019년에 흙이 드러났다고 해요. 눈보다 비가 많이 내렸기 때문이에요.

잠깐 더우면 에어컨으로 피할 수 있지만, 계속 이어지면 예측할 수 없는 재해로 이어집니다. 농작물도 잘 자라지 못하게 돼요. 사과와 배나무 잎이 타들어 가는 병이 생겨요. 농부는 농약으로 해결하려고 하지만, 농약을 많이 뿌리면 농부도 몸이 아프게 됩니다. 꿀벌도 사라져요. 꿀벌이 사라지면 우리가 먹는 과일도 금방 없어질 거라며 사람들은 걱정을 해요.

5. 왜 플라스틱이 문제인가요?

　플라스틱은 무척 유용해요. 플라스틱이 없으면 생활이 힘들 거예요. 옷도 집도 자동차도 플라스틱이 없으면 만들 수 없어요. 장난감도 대부분 플라스틱이죠? 차가운 바람을 빈틈없이 막아주는 거실 창틀도 플라스틱으로 만들어요.

　비닐도 플라스틱의 일종입니다. 비닐과 플라스틱은 썩지 않아서 문제라고 하지요? 썩는다는 건 생태계에서 순환한다는 의미예요. 먹다 남는 음식은 썩어요. 눈에 보이지 않는 미생물이 분해하죠. 여러 원소로 분해되어야 다른 생물이 이용하거든요. 그렇게 순환되어야 생태계는 건강하게 유지됩니다. 지금까지 다섯 차례 대멸종이 왔지만, 자연의 순환은 멈추지 않았어요.

　과거에 나무나 풀로 만들던 물건을 요즘은 대부분 플라스틱이 대신해요. 그렇게 사용한 후 버리는 플라스틱의 양이 어마어마하게 많아요. 지구 곳곳에 넘쳐나요. 물병, 포장 비닐 등 강과 바다로 들어가는 플라스틱 쓰레기의 양도 많아요. 플라스틱 쓰레기는 오래 지나면 눈에 잘 보이지 않는 가루가 돼요. 이것을 미세 플라스틱이라고

하지요. 사람은 음식에 섞인 미세 플라스틱을 일주일에 신용카드 한 장만큼 먹는다고 합니다.

　미세 플라스틱은 작은 물고기의 먹이가 되는 플랑크톤에 들어갈 정도로 아주 작아요. 미세 플라스틱이 들어간 플랑크톤을 먹은 물고기는 건강할 수 없습니다. 알도 제대로 낳을 수 없겠지요. 작은 물고기가 줄어들면 큰 물고기도 살기 어려워요. 이렇게 되면 바다 생태계가 무너질 수 있어요. 해산물을 많이 먹는 사람도 위험해집니다.

　죽어서 바닷가로 밀려오는 고래의 몸속에는 비닐이 많아요. 물고기를 싹 잡아들이는 어선이 늘어나면서 고래는 먹이가 부족해졌어요. 항상 배가 고프죠. 할 수 없이 해파리라도 먹는데 울긋불긋한 해파리가 저 멀리 보이는 거예요. 얼른 삼켰더니, 이런! 라면 봉투였어요. 헛것을 본 거죠. 그러자 배가 더 고파져요. 이번에는 하얀 해파리가 보여 삼켰더니 비닐 쓰레기였어요. 고래만이 아닙니다. 토한 먹이를 새끼에게 먹이는 바닷새가 둥지에 와서 새끼에게 플라스틱을 먹이더군요.

　플라스틱을 분해하는 미생물을 발견했다는 소식이 들려요. 그러나 플라스틱 쓰레기 문제를 해결하기에는 아직 갈 길이 멀대요. 그리고 반갑지만은 않았어요. 플라스틱이 분해된다고 덮어놓고 좋아할 일은 아니거든요. 플라스틱을 분해해도 이산화탄소가 늘어나니까, 지구는 더욱 더워질 겁니다. 플라스틱 사용을 줄이는 게 무엇보다 중요해요. 의료나 생활에 꼭 필요한 플라스틱이 아니면 사용하는 양과 종류를 크게 줄여야 해요.

6. 초미세 먼지 때문에 건강을 해친다고요?

플라스틱이 미세 플라스틱을 발생시킨다고 말씀드렸죠. 플라스틱은 석유나 석탄 등 화석 연료로 만들어요. 그런데 화석 연료는 미세 먼지와 초미세 먼지도 발생시켜요. 머리카락 두께의 5분의 1 이하인 미세 먼지는 눈에 띄지 않아요. 더 작아서 미세 먼지의 5분의 1에 불과한 초미세 먼지는 동식물의 세포막도 통과하고 혈관을 타고 온몸을 돌아다닐 수 있어요. 미세 먼지와 초미세 먼지 모두 1급 발암 물질이에요. 옷을 털면 먼지가 나지요. 그런 먼지는 콧속의 털이 걸러 냅니다. 못 거르면 허파와 이어진 기관지에서 다시 거릅니다. 그런데 초미세 먼지는 걸러낼 수가 없어요.

미세 먼지와 초미세 먼지는 낡은 자동차가 연료를 태우면서 많이 내놓아요. 더 큰 문제는 석탄 화력 발전입니다. 굴뚝으로 어마어마하게 나오는 초미세 먼지가 걱정이에요. 깨끗하다고 생각하는 천연가

스 발전소도 마찬가지입니다. 석탄 화력 발전보다 적더라도 무시할 수 없는 초미세 먼지를 내뿜어요.

　미세 먼지와 초미세 먼지는 석탄으로 난방을 할 때는 걷잡을 수 없게 늘어납니다. 겨울이면 석탄으로 난방하는 건물이 많은 중국에서 미세 먼지와 초미세 먼지가 편서풍을 타고 우리나라로 넘어와요. 그런데 우리나라의 미세 먼지와 초미세 먼지는 모두 중국에서 넘어온 걸까요? 조사를 해 보니 아니랍니다. 우리나라에서 생기는 미세 먼지가 조금 더 많다고 해요.

　예전에 봄이면 중국과 몽골에서 넘어오던 황사는 해로운 존재가 아니었어요. 농토에 필요한 미네랄을 보충해 주거든요. 그런데 요즘 황사는 위험해졌어요. 미세 먼지나 초미세 먼지, 해로운 중금속이 포함될 수 있다고 하니까요. 우리가 중국에게 중국의 공장 등에서 발생하는 미세 먼지와 중금속을 제거하라고 요구하면 귀담아들을까요? 우리부터 솔선수범해야 합니다.

7. 핵 발전소는 왜 위험한가요?

핵 발전소에서 전기를 생산하면 온실가스가 발생하지 않는다고 믿는 사람이 많은데, 정말 그럴까요? 잘 생각해 보면 그렇지 않아요. 그리고 한 가지를 더 생각해 볼까요? 많은 사람은 무심코 원자력이라고 말하지만, 아니에요. 핵이 맞는 말이에요. 원자에서 에너지를 생산하는 것이 아니라 원자의 중심에 있는 핵의 분열을 통해 에너지가 생산되는 거예요. 땅속에서 추출한 우라늄 원소의 한가운데 있는 핵을 분열시켜 막대한 에너지를 생산합니다. 이런 과정으로 만드는 핵에너지이므로 핵 발전소라고 해야 옳은데, 이상하게 원자력 발전소라고 말합니다. 무서운 핵폭탄이 먼저 생각나서 피하려는 걸까요?

핵 발전소는 전기를 생산하기 전부터 온실가스가 발생합니다. 핵 발전소를 지을 때 화석 연료를 태우는 화력 발전소보다 많은 시멘트와 쇠가 필요합니다. 화력 발전소의 연료를 광산에서 발전소까지 가져오는 과정은 복잡하지 않고 그때마다 필요한 에너지는 핵 발전소와 비교되지 않게 작아요. 반면에 핵 발전소는 연료를 준비할 때 막대한 에너지가 필요할 뿐 아니라 항상 위험합니다.

그 이유는 동물의 몸에 치명적인 방사능이 나오기 때문이에요. 2011년 일본 후쿠시마처럼 핵 발전소가 폭발하면 방사능을 내뿜는 물질이 수백 가지가 생기는데, 이를 '방사성 물질'이라고 해요. 방사성 물질을 빠짐없이 막지 못하면 자연의 모든 생물에게 병을 일으킬 수 있어요. 그중 스트론튬을 볼까요? 29년이 지나야 방사능의 양이 반으로 줄어듭니다. 학자들은 그 기간을 '반감기'라고 하지요. 보통 반감기가 10번 이상 지나야 안전해진다고 해요. 스트론튬이 사람의 몸에 들어오면 뼈에 암이 생길 수 있어요. 반감기가 2만 4천 년인 플루토늄도 많이 생겨요. 무시무시합니다.

핵 발전소에 연료로 사용하는 우라늄은 자연으로 나가면 무척 위험해집니다. 철저히 안전하게 사용해야 합니다. 더 큰 문제는 핵 분열을 마친 핵폐기물입니다. 핵폐기물은 안전하게 보관해야 합니다. 적어도 10만 년 이상 안전하게 보관해야 할 거라고 과학자들은 예상합니다. 인간이 상상할 수 없는 지나치게 긴 시간입니다. 핵 발전은 위험성을 후손에게 10만 년 이상 떠넘기는 셈이에요.

핵 발전소가 폭발하면 방사능을 내뿜는 세슘이나 스트론튬 같은 물질이 수백 가지가 생기는데, 이를 '방사성 물질'이라고 해요.

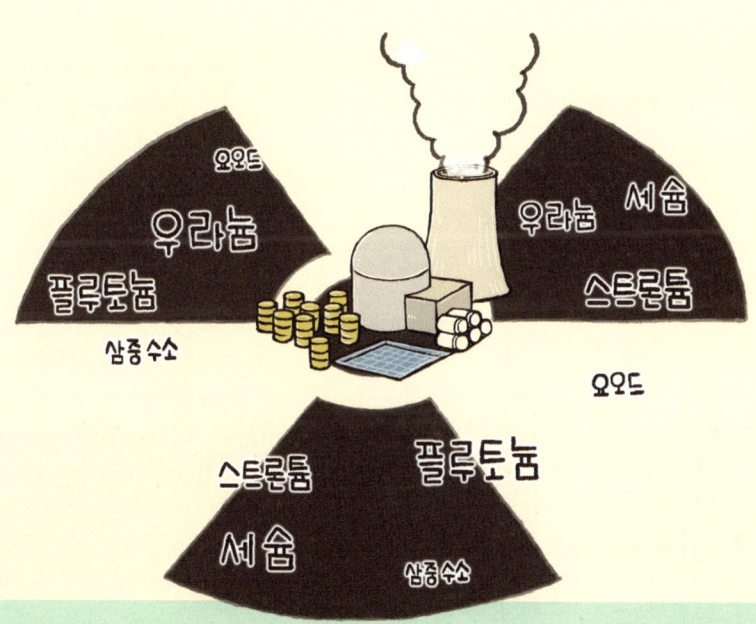

8. 핵 발전으로 기후 위기를 막을 수 있다고 하던데요?

우리나라에서 핵 발전소가 생산하는 전기는 전체 전기 중에 얼마나 될까요? 2019년 기준 26%입니다. 반면에 풍력과 태양광 발전량은 세계 평균인 10.3%의 절반에도 못 미치는 4.7%입니다. 세계에서 핵 발전소가 없는 나라들이 더 많고, 너무 위험하다 보니 핵 발전을 중단하는 나라들도 점점 늘어나고 있어요.

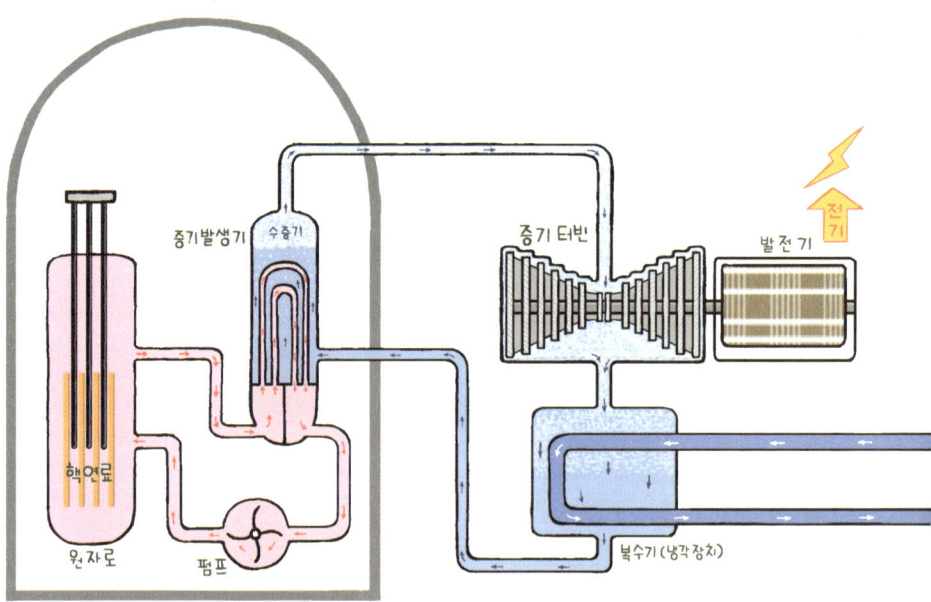

핵 발전소는 연료를 채굴하고 사용한 뒤 버릴 때까지 과정이 아주 복잡해요. 고장도 잦은데 가끔 모르고 지나가기도 한대요. 이제까지 세계에서는 핵 발전소가 폭발하는 큰 사고가 세 번 있었어요. 미국 스리마일섬 핵 발전소 사고, 구 소련의 체르노빌 핵 발전소 사고, 일본 후쿠시마 핵 발전소 사고입니다. 피해도 크고 복구하는 데 들어간 비용과 시간이 어마어마했습니다. 현재도 피해 복구가 다 이루어지지 않았어요. 모든 국가가 핵 발전소를 안전하게 유지해야 하는데, 가능할까요? 저는 불가능하다고 생각합니다.

석탄을 직접 태워서 물을 끓인다고 생각해 봐요. 지금은 간단하게 전기로 끓이지요. 석탄으로 끓인 물과 같은 양의 물을 화력 발전소 전기로 끓였다고 생각해 볼까요? 어떤 물에 에너지가 더 들어갔을까요? 화력 발전소의 전기로 끓인 물이 석탄 소비가 훨씬 많아요. 석탄으로 먼저 물을 끓여 수증기를 만들고, 그 수증기로 전기를 생산하니까요. 복잡한 과정을 거치면서 에너지 낭비가 생기는 거예요. 핵 발전도 마찬가지인데, 화력 발전소보다 심해요. 핵 발전소는 생산하는 전기의 거의 10배 가까운 에너지를 사용하지 못하고 허공으로 날려요.

화력 발전소나 핵 발전소 모두 바다를 데웁니다. 화석 연료로 물을 끓이거나 핵연료로 물을 끓여서 막대한 수증기를 만든 다음, 그 수증기로 거대한 터빈을 돌려서 전기를 생산하는데, 뜨거워진 수증기를 바닷물로 식혀야 하거든요.

터빈을 돌린 수증기를 식힌 뒤 다시 끓여서 수증기로 만들어 터빈을 쉼 없이 돌립니다. 수증기를 식히기 위해 바닷물을 무지막지하게 끌어옵니다. 수증기를 식힌 후 따뜻해져 다시 배출되는 바닷물을 '온배수'라고 해요. 이 온배수를 바다로 다시 내보내는데, 이 때문에 수많은 플랑크톤이 죽게 되어 바다 생태계가 무너질 뿐 아니라 바다가 데워지면서 온난화가 심해집니다. 바닷물 온도가 섭씨 1도 오르면 태풍이 강력해지면서 횟수도 두 배 정도 늘어나요. 중국은 우리보다 핵 발전소와 화력 발전소 모두 월등하게 많아요. 그래서 우리나라에 태풍이 늘었다고 주장하는 학자들도 있어요. 핵 발전소는 화력 발전소보다 온배수를 두 배나 쏟아 낸다고 하니 기후 위기를 오히려 키웁니다.

9. 지구를 뒤덮고 있는 콘크리트가 왜 문제인가요?

요즘 짓는 아파트는 50층에 가까울 정도로 높아요. 좁은 땅에 많은 집을 지으려면 어쩔 수 없다고 말하는 사람이 있지만, 그런 아파트는 많은 에너지를 사용해야 유지할 수 있어요. 환기와 냉난방을 위한 에너지가 더 필요하고 물도 높이 끌어 올려야 하니까요.

이런 아파트를 짓게 된 것은 시멘트를 사용하게 된 이후의 일입니다. 시멘트는 고운 석회석 가루와 흙을 섞어 섭씨 1400도의 온도로 구워서 만듭니다. 도자기 가마처럼, '소성로'라고 하는 장치에 시멘트 재료를 넣어서 만들지요. 문제는 시멘트를 만드는 과정에서 시멘트 무게와 거의 비슷한 정도의 이산화탄소가 발생한다는 것이죠. 지구 온난화의 큰 원인으로 학자들은 주목합니다.

소성로에는 석탄 같은 화석 연료를 사용하지만, 요즘은 버린 타이어와 재활용할 수 없는 옷과 비닐들을 보조 연료로 넣어요. 그런 쓰레기를 태우면 환경에 해로운 중금속이 시멘트에 섞일 수 있어요. 안전을 위해 철저하게 검사하고 관리해야 하는데, 실수가 생기기도 하죠. 핵 발전소가 폭발한 일본 후쿠시마의 타이어를 우리나라가 수

입해 연료로 쓴 적이 있거든요. 그 시멘트를 사용한 건물에서 방사능이 나왔어요.

시멘트에 자갈을 섞으면 콘크리트가 되어 더욱 단단해지고 철근을 넣으면 높은 건물을 지을 수 있습니다. 문제는 콘크리트를 지나치게 많이 사용한다는 것입니다. 생물이 살 수 없는 콘크리트는 나무가 울창한 생태계만 파괴하는 게 아니에요. 조개와 물고기의 터전인 갯벌도 파괴해요. 갯벌에 막대한 콘크리트로 공항과 도시와 공장을 세워서 온실가스를 마구 배출합니다. 높은 콘크리트 건물이 즐비한 도시 때문에 그만큼 생태계가 무너지고 있습니다. 생물이 숨 쉬면서 지구 온난화를 막아 주던 자연이 사라지고 있어요.

콘크리트는 나무가 울창한 생태계뿐 아니라 조개와 물고기의 터전인 갯벌도 파괴해요. 높은 콘크리트 건물이 즐비한 도시 때문에 생태계가 무너지고 있어요.

3

여섯 번째 대멸종은 어떻게 진행되나요?

1. 사람의 욕심이 문제라고요?

2021년 7월 세계적 갑부 몇 명이 우주여행을 다녀왔습니다. 2050년이면 우주여행이 활발해질 거라고 예상합니다. 반면 2050년까지 기후 위기를 철저하게 대비하지 못하면 지구는 대멸종에 직면할 수 있다고 과학자들은 말합니다.

사람은 어디든 살 수 있습니다. 100층이 넘는 빌딩을 짓고 사는 일은 이제 특별하지 않아요. 우주에서 6개월 이상 사는 사람도 있고 잠수함을 타고 깊은 바다에 오래 머물기도 합니다. 그러나 공기와

물, 음식이 없으면 생명을 이어갈 수 없어요. 사람은 생물이 살고 농작물이 자라는 땅이 필수입니다. 땅에서 멀리 떨어져 있을수록 안

전은 멀어지거든요.

　겉보기에 화려한 건물, 빠른 자동차는 언제까지 이어질까요? 에너지, 특히 화석 연료가 없으면 이런 생활은 가능하지 않아요. 그런데 자원이 바닥을 드러내고 있어요. 화석 연료만 줄어드는 게 아니에요. 철과 알루미늄 같은 지하자원도 얼마 남지 않았다고 해요. 지하

자원을 계속 파내며 화석 연료를 펑펑 소비할 수 있는 날은 머지않아 끝날 텐데, 사람의 욕심은 끝이 없어요. 욕심이 커지면서 땅의 생물은 줄어들고 지구는 더워집니다. 많은 생물을 위협하는 방사능과 미세 먼지가 늘어나자 전에 없던 감염병이 생겨서 금방 퍼집니다. 사람은 지금 어느 공간에서도 살 수 있지만, 앞으로는 어떨까요? 어느 곳에도 살 수 없게 될 수도 있어요.

우리는 발전이 정상이라고 단정하면서 끝없이 경제 성장을 추구하지만, 과연 그럴까요? 케네스 볼딩이라는 경제학자는 "경제 성장이 계속될 것으로 믿는 사람은 미치광이이거나 경제학자"라는 유명한 말을 남겼어요. 자원이 한정되니 경제 성장은 계속될 수 없다는 주장인데, 사람의 욕심은 후손이 살아가는 데 필요한 자원까지 가로채려고 합니다.

일찍이 인도의 간디는 "자연은 모든 사람의 필요를 채워 주지만, 탐욕은 채워 주지 못한다"고 했어요. 사람을 포함해 수많은 동물과 식물, 그리고 미생물 모두 조화롭게 유지될 때 자연은 사람에게 필요한 의식주를 충분히 전해 주어요. 사람의 끝없는 욕심은 다른 생물의 생명을 위협합니다. 이미 많은 생물이 사라졌고 멸종 위기에 있어요.

2. 땅이 황폐해지고 있다고요?

 식물의 뿌리는 생태계의 든든한 받침입니다. 식물이 자라면서 땅속으로 넓고 깊게 퍼지는 뿌리는 흙 속 미생물에게 영양분을 내어 줍니다. 식물의 뿌리가 내놓는 영양분을 먹고 자란 미생물들이 다른 생물의 먹이가 되면서 땅속에서는 오랫동안 건강한 생태계가 만들어졌어요.

미생물은 식물의 낙엽을 분해해서 흙에 영양분을 남깁니다. 이걸 썩는다고 말해요. 그 영양분을 지렁이가 먹고 배설한 똥은 식물의 영양분이 됩니다. 덕분에 식물의 뿌리는 땅속 깊이 더 파고 들어가면서 흙의 생명력을 높이죠.

농작물을 파먹어서 싫어하는 농민이 있지만, 두더지는 땅속 공기를 통하게 해서 흙을 건강하게 만들어요. 이런 과정이 오래 진행되면서 쌓인 기름진 흙은 비바람을 맞으며 긴 세월 동안 강으로 바다로 흘러가요. 우리나라 갯벌이 서해안에 넓게 퍼진 이유이기도 해요.

그런데 사람들은 더 많은 농작물을 더 빨리 기르려는 욕심으로 흙에 농약을 뿌리기 시작했어요. 불과 100년도 되지 않은 일입니다. 농약은 땅속에 오래전부터 살아온 미생물과 동식물을 죽입니다. 그러면 농작물은 열매를 맺기 어려워요. 이렇게 되면 사람은 땅속 생물이 하는 일을 대신해야 해요. 농작물에 필요한 비료를 만들어서 주어야 하는 거죠. 그런데 그 비료는 바로 화석 연료인 석유를 가공해서 만든 '화학 비료'입니다.

화석 연료 덕분에 수확할 수 있는 농작물은 늘었지만 화학 비료와 농약을 쓰면 땅은 금세 황폐해집니다. 게다가 화석 연료가 고갈되면 어떻게 될까요? 쌀을 제외한 곡물 대부분을 수입하는 우리나라는 언제까지 괜찮을까요? 우리나라 농토는 우리나라 사람이 먹는 곡물의 4분의 1만 생산하고 있답니다.

3. 숲과 강이 파괴되고 있다고요?

 숲을 만들고 숲을 지키는 나무는 사람과 생물에게 열매와 잎사귀를 아낌없이 줍니다. 건강한 숲은 커다란 나무 한 그루 근처에 중간 크기의 나무가 수백 그루가 있고, 자라서 올라오는 어린나무는 수만 그루가 있어요.

 우리나라는 일제 강점기에 울창한 숲을 대부분 잃었어요. 일제가 전쟁을 위해 마구 수탈했기 때문이에요. 뒤이어 한국전쟁도 겪었어요. 긴 전쟁 이후 30년 넘게 나무를 심으면서 조금씩 숲이 회복되었어요. 그런데 아직 우리 숲은 어린 편입니다. 동물들도 여전히 부족해요. 나무가 더 자라야 숲이 건강해지고 다시 풍성해질 텐데, 어린 나무를 목재로 쓰기 위해 다 자라기 전에 자르는 일마저 생겨요. 그런 곳에 홍수가 오면 산사태가 나고 많은 사람이 희생되기도 해요.

 강은 단순한 물길이 아닙니다. 상류와 하류가 연결되고 마을과 농토의 지하수와 연결되어 생태계 순환을 돕지요. 그런 순환에 맞춰 강과 주위 생태계의 동물과 식물은 삶을 이어갑니다.

 그런데 사람이 강의 연결을 바꾸고 있어요. 댐을 만들어 오랜 세월 강이 이어주던 생태계의 순환이 끊어졌어요. 하류에 알을 낳고 상류로 올라오던 물고기가 없어졌고 강에서 살다가 바다로 나가 알을 낳거나 바다에서 돌아와 강에 알을 낳던 물고기가 사라졌습니다. 뱀장어와 연어는 이제 강에서 보기 어려워요. 그러자 그 물고기를 잡아먹는 동물이 차례로 사라졌죠. 흐르던 강물을 댐이 호수처럼 고이게 만들었더니 날씨가 변하고 생태계가 바뀌었어요.

강가에는 기름진 땅이 많았는데 사람들이 오랫동안 농사짓던 땅에 콘크리트를 채우며 도시를 키웠어요. 건물과 공장을 세우고 도로를 넓혔죠. 공장과 도시는 더러워진 물을 정화하지 않고 버렸어요. 인구가 늘고 도시가 점점 넓어져 갈수록 강가에 살던 생물들이 죽어 나가고, 강이 가진 정화 능력이 없어졌어요.

4. 생물이 사라지고 있다고요?

옛날 옛적에 매머드라는 거대한 동물이 살았어요. 공룡은 사람이 나타나기 전 동물이지만, 매머드는 사람이 살았던 시대의 동물이에요. 아프리카와 남아시아에 사는 코끼리와 비슷하게 생겼는데 덩치는 더 컸고, 추운 지역에 살아서 그런지 몸에 긴 털이 있었어요. 기후 변화와 더불어 사람의 지나친 사냥 때문에 멸종됐어요.

기후 위기로 시베리아의 강가에 매머드가 보이기 시작했어요. 무슨 말이냐고요? 얼었던 땅이 녹자 매머드의 사체가 드러난 거예요. 어떤 과학자가 복원을 시도했지만 실패했어요. 복원하면 잘 살까요? 글쎄요. 매머드가 살던 환경은 이미 없어졌어요. 매머드와 비슷한 코끼리는 어떻게 지내고 있을까요? 크게 줄어들고 있어요. 사람들이 상아를 빼앗으려고 마구 사냥을 했기 때문이에요. 지금은 일부 국립공원에서 간신히 보호하고 있을 뿐이에요. 파인애플이나 팜유처럼 사람만을 위한 농작물을 대규모로 재배하면서 코끼리가 살던 서식지도 줄어들었어요.

잔혹한 작살 사냥으로 많은 고래가 사라졌어요. 이제 조금씩 회복

되고 있지만, 일본은 연구를 핑계로 고래 사냥을 계속하고 있어요. 고래는 깊이 잠수할 수 있어요. 피에 철분이 많기 때문이라고 해요. 생물이 죽으면 분해되면서 이산화탄소를 내놓아요. 그만큼 온실가스가 나오는 건데, 죽어서 심해로 가라앉는 고래는 다르다고 합니다. 막대한 이산화탄소를 품은 채 심해에 들어가 죽기 때문에 지구 온난화를 막는 데 도움이 된다고 해요. 그리고 고래 배설물에는 질소와 철분이 많이 들어 있어서 플랑크톤의 성장을 돕지요.

지금은 중단되었지만, 제주도 바다에 사는 남방큰돌고래는 얼마

전까지 돌고래쇼 공연장으로 잡혀가곤 했어요. 공연장인 돌고래 풀장은 사람 눈에는 넓어 보여도 돌고래에게는 터무니없이 좁아요. 그래서 스트레스 때문에 오래 못 살았어요. 우리나라 서해에 사는 '웃는 돌고래' 상괭이는 갯벌이 사라지면서 줄어들었어요. 먹이를 구할 수 없기 때문인데, 떠다니는 비닐을 해파리로 착각하는지 비닐을 먹고 죽기도 해요. 죽은 상괭이를 해부하면 얼마나 많은 비닐이 나오는지, 깜짝 놀라게 돼요. 양쯔강의 하얀 돌고래는 중국의 자랑이었는데, 세계 최대인 싼샤 댐이 들어서자 완전히 사라졌어요. 사람들이 물길을 차단하자 돌고래가 살 수 없게 된 거지요.

설악산에 사는 산양은 환경운동가 몇 명이 극진하게 보살피자 조금씩 늘어났는데 하필 그 자리에 케이블카를 놓겠다는 사람이 있어요. "산양보다 사람이 중요"하다고 목소리를 높이는데, 어떤가요? 사람은 케이블카가 없어도 살지만, 고작 수백 마리 남은 산양은 목숨을 잃어요. 경기도 도시를 흐르는 작은 강에 수달이 나타나자 시민들이 반가워했는데, 수달보다 사람이 중요하다며 강 가장자리를 메워 건물을 세우려고 해요. 개발은 돈을 더 벌 수 있는 몇 사람을 기쁘게 하겠지만, 수달이 사라진 강은 황폐해지고 시민들은 쓸쓸해집니다. 강이 깨끗해지자 수달이 스스로 나타났는데, 우리가 수달을 다시 내쫓아야 할까요? 수달이 사라져도 강이 보전될 수 있을까요?

갯벌이 드넓었던 시절, 인천과 경기도 바닷가에는 조개가 참 많았어요. 배를 타고 조금만 나가도 민어, 조기, 갈치, 꽃게가 대단히 많았지요. 지금은 거의 볼 수 없습니다. 갯벌은 수많은 물고기와 조개들이 알을 낳고 성장하는 터전입니다. 이산화탄소를 흡수하고 산소를 생산하는 플랑크톤이 풍부한 곳이라 지구 온난화를 자연적으로 예방할 수 있는데 요즘 점점 줄어들고 있어요.

갯벌을 매립해서 만든 도시는 지구 온난화로 해수면이 높아진다면 잠길 수도 있어요. 화석 연료를 맘껏 태우는 욕심을 버리지 않으면 바닷가의 도시는 위험해져요.

5. 가축을 지금처럼 많이 키우고 먹어도 되나요?

고기 좋아하죠? 요즘 우리나라는 고기를 많이 먹지만, 원래 그렇지 않았어요. 채소를 훨씬 많이 먹었어요. 밥과 김치, 나물이 중심인 채식 식단이었어요.

우리 음식을 외국인들은 건강식이라고 부러워해요. 젊은 나이에 비만이나 고혈압 같은 성인병에 시달리는 외국인들이 한식으로 치료하기도 한다네요. 그런데 요즘 어른은 물론이고 어린이에게도 성인병이 많아졌어요. 고기를 채소보다 많이 먹어서 그렇답니다.

사람이 먹는 고기의 양은 모두 얼마나 될까요? 상당할 텐데, 그렇게 많은 고기를 먹으려면 얼마나 많은 가축을 키워야 할까요? 사실 가축 종류는 자연의 동물 중에서 일부에 지나지 않아요. 소, 돼지, 닭이 대부분이고 드물게 양과 오리가 있죠. 하지만 지구의 모든 동물 가운데 가축의 수가 월등하게 많아요.

소는 원래 풀을 먹는데 축사나 좁은 목장에서 키우는 소는 풀을 거의 먹지 못합니다. 꼼짝하지 못하고 사료만 먹죠. 옥수수와 콩이 사료의 주성분인데, 이런 곡물을 재배할 때는 많은 석유가 필요합니

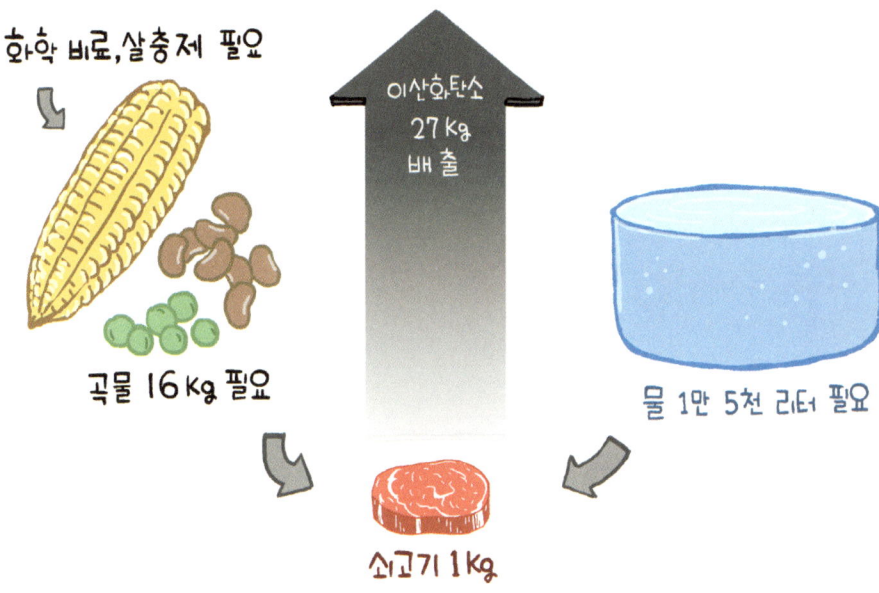

다. 곡물을 통해 사람이 얻게 되는 열량을 쇠고기를 통해 얻으려고 하면 10배 정도 많은 곡물을 사료로 사용해야 해요. 게다가 쇠고기 1kg을 생산하려면 16kg의 사료를 먹여야 합니다. 고기를 많이 먹을수록 석유 소비는 늘어나고 지구는 더 더워집니다.

6. 우리가 먹는 음식은 안심할 수 있나요?

 언제부터인지, 밥과 반찬을 집에서 요리해 먹기보다 만들어 놓은 음식을 사 먹을 때가 많아요. 가공식품을 사서 간편하게 데워서 먹을 때도 많아요. 엄마 아빠가 바빠서 그렇게 되었나 봐요. 그런데 가공식품을 먹을수록 음식 쓰레기가 많이 생겨요. 집에서 음식을 만들어 먹으면 되도록 남기지 않고, 남겨도 냉장고에 넣어 놓고 다시 먹지만, 음식을 만들어서 파는 기업은 그렇지 않죠. 가공식품을 만들 때 음식 쓰레기가 훨씬 많이 생기고, 유통 기간이 지나면 모두 버리기 때문입니다.

 가공식품은 잘 상하지 않아요. 상하지 않게 하는 식품 첨가물을 미리 넣었거든요. 그런 식품 첨가물은 몸에 좋지 않아요. 패스트푸드가 그렇고 과자도 마찬가지예요.

 패스트푸드는 한결같이 맛있어요. 같은 상품이면 세계 어디에서

사 먹어도 맛과 향이 똑같아요. 만드는 기계가 같으니 크기도 똑같아요. 햄버거를 볼까요? 많은 햄버거를 한꺼번에 만드는 기업은 가축 한두 마리에서 고기를 가져오는 게 아니에요. 미국의 유명한 패스트푸드 회사는 수천 마리의 고기를 골고루 섞는데, 그중 한두 마리가 병에 걸렸다는 걸 몰랐다면 나중에 문제가 커져요. 상한 고기가 들어간 햄버거를 먹고 어린이가 병에 걸릴 수 있어요.

가공식품이나 패스트푸드에 들어가는 고기와 채소는 누가 어떻게 생산했는지 또 어떻게 가공했는지 알기가 어려워요. 과자나 가공식품의 포장지에 재료는 작은 글씨로 써 놓았어도 생산 방법이나 과정까지 자세히 쓰지 않아요. 몸이나 생태계에 해로운 첨가물은 사용이 금지되지만, 해롭다는 사실은 한참 사용한 뒤에 알게 돼요. 소비자가 알아서 미리 피해야 하는데 어려워요.

7. 물고기가 줄어들고 있다고요?

 겨울철 인천 강화도 바닷가에 가면 큰 주머니를 중간에 매단 그물을 볼 수 있어요. 갯벌에서 숭어를 잡는 '자리그물'이에요. 서해안은 밀물과 썰물이 하루 두 차례 들어왔다가 나가요. 들어왔을 때와 나갔을 때, 바닷물의 높이는 하루에 5m 정도 차이가 나는데, 1년에 가장 높을 때와 가장 낮을 때는 10m 이상 차이가 나요.

 밀물을 따라 몸집이 둥글고 길이가 50cm 넘는 긴 숭어가 들어와요. 빠른 바닷물에 밀려서 들어오다 자리그물에 걸리면 주머니에 휩쓸려 들어갑니다. 겨울철 숭어가 가장 맛있다고 어부는 말합니다. 물이 차가워 살이 찰지다고 해요. 숭어는 식물성 플랑크톤을 주로 먹어요. 썰물에 드러나는 갯벌이 햇볕으로 따뜻해지면 식물성 플랑크톤이 잔뜩 피어오르거든요. 갯벌을 조사하면 입을 커다랗게 벌린 숭어가 슬라이딩하며 훑은 흔적을 많이 볼 수 있지요.

 갯벌 흙 1그램에는 식물성 플랑크톤이 10억 마리 이상, 동물성 플랑크톤은 5천만 마리 넘게 살아요. 해안에서 길게 이어지는 갯벌 내부의 많은 통로에는 수많은 조개와 갯지렁이가 살면서 플랑크톤을 먹죠. 다양한 생물이 많은 건강한 생태계입니다. 그러니 숭어와 꽃게가 살고 민어와 조기가 알을 낳지요.

살아 있을 때 비늘에 황금빛이 감돌아 '황금 조기'라고 부르는 조기가 있어요. 보통 30cm가 넘는데 서해안 마을의 제사상에 꼭 올라와요. 조상이 늘 잡수셨기에 제사상에 올리는 건데, 요즘은 아주 귀합니다. 알을 낳던 갯벌이 사라졌기 때문이에요. 조기는 고향을 잃었어요. 이제 황금 조기는 커다란 어선이 먼바다로 나가 잡아 옵니다.

조기만이 아니에요. 인천 어부들이 그물에 올라오자마자 바다에 텀벙텀벙 버렸다는 물고기는 별명이 '물텀벙이'예요. 아귀찜이나 아귀탕의 재료인 아귀를 말해요. 흔해서 버렸던 물고기도 드물어져서 요즘은 수입합니다. 어부 한 사람이 하루에 한 가마니 넘게 잡았다는 꽃게는 연평도에 조금 남아 있고 솜씨 있는 어부가 백 마리 넘게 잡던 낙지도 대부분 수입합니다. 갯벌 매립으로 먹이를 잃은 물고기는 먼바다로 떠났어요.

먼바다도 심각해요. 커다란 배 여러 척이 동시에 움직이는 선단은 어류 탐지기로 물고기 떼를 파악한 다음 끝없이 넓게 펼친 그물로 몰고 간 뒤 한꺼번에 잡거든요. 물고기를 떼로 잡아들이면 생선이 한동안 드물어져요. 한국과 일본, 중국에서 출발하는 선단은 해외에서 물고기를 싹쓸이하는 것으로 악명이 높아요.

물고기가 드물어지면서 사람들이 양식을 합니다. 굴이나 김 양식은 따로 먹이를 주지 않지만, 양식장 물고기는 사료를 먹여요. 사료는 대개 작은 물고기로 가공해요. 양식을 위해 바닥까지 쓸어내는 그물로 작은 물고기까지 잡아 바다가 망가지고 있어요.

최근에는 일본이 후쿠시마 핵 발전소에서 10년 넘게 보관한 오염수를 태평양에 버리겠다고 했어요. 이런 일이 발생하면 방사능이 섞인 오염수가 태평양에서 우리 바다로 넘어오면서 물고기를 위험하게 만들 겁니다. 그런 물고기를 먹는 사람도 위험해지겠지요.

8. 언제까지 안심하고 숨을 쉴 수 있나요?

2003년 여름, 프랑스는 기온이 43도까지 올라가 1만 5천 명 넘는 사람이 목숨을 잃었어요. 가난한 집의 노인과 어린이부터 희생되었어요. 유럽은 여름에 덥지 않아 에어컨이 필요 없을 정도였는데 갑자기 닥친 불볕더위를 견디지 못한 거예요.

2021년 5월, 여름에도 선선하던 캐나다에 49도가 넘는 더위가 닥쳤어요. 2020년 겨울에는 난로가 없어도 춥지 않던 미국 텍사스주에 맹추위가 왔어요. 여름에는 호주에 큰 산불이 나 피해가 막대했어요. 6개월 가까이 꺼지지 않고 휩쓸고 지나간 산불로 10억 마리의 캥거루와 코알라가 죽었다고 해요.

지구가 계속 더워지면 생물 대부분은 살 수가 없게 돼요. 이제까지 다섯 번의 대멸종이 그 사실을 증명합니다.

지나친 개발로 곳곳의 생태계가 무너졌고 콘크리트가 그 자리를 뒤덮었어요. 그러자 전에 없던 감염병이 퍼집니다. 코로나19에서 그치지 않을 거라고 많은 사람이 걱정합니다.

　지구가 더워지면서 빙하가 녹아요. 그러자 예전의 동물이 죽은 모습으로 나타나는데, 그 동물 몸속에 바이러스는 살아 있고 얼마든지 퍼질 수 있다고 해요. 빙하 속에 얼어 있을 때는 위험하지 않던 바이러스가 다른 동물의 몸을 타고 생태계와 사람에게 퍼질 수 있다고 학자들은 주장합니다. 그 바이러스가 퍼뜨리는 병은 얼마나 위험할까요? 미리 알 수 없다고 해요. 마음껏 숨 쉴 수 없는 세상이 될까 걱정입니다.

4

대멸종을 막을 수 있나요?

1. 여섯 번째 대멸종을 막을 수 있나요?

'운명의 날 시계'라는 게 있습니다. 핵전쟁이 일어나면 인류의 종말이 온다고 경고하는 시계로 1947년부터 세계적인 과학자가 모여서 시간을 정합니다. 지금은 핵무기를 가진 국가들이 핵 실험을 자제하자 위험을 알리는 시곗바늘을 뒤로 조금 돌렸어요. 핵전쟁이 일어나면 어떻게 될까요? 인류는 물론이고 지구의 생태계는 종말을 고할 겁니다. 지구의 모든 물질이 불타 버린다고 과학자들이 예상하니까요.

1945년 일본 히로시마와 나가사키에 떨어진 핵무기로 우리는 핵무기의 위험을 실감했어요. 그런데 지금은 1945년보다 훨씬 더 강력해진 핵무기가 늘었어요. 핵무기를 가진 국가라서 공격하지 못할 테니 평화가 계속 이어질 거라는 생각은 옳지 않아요. 칼을 손에 쥔 사람이 많을수록 폭력이 없어지는 건 아니니까요.

요즘은 온실가스가 더 걱정입니다. 핵무기는 자제하니 다행인데

돌이킬 시간이 얼마 남지 않은 온실가스는 언제부터 자제해야 하나요? 기후 위기가 만들 인류 종말을 경고하는 시계도 등장했어요. '환경재단'이라는 우리나라 환경 단체가 상상한 '환경위기 시계'는 9시 40분을 가리킵니다. 12시가 되면 종말이라는데, 2시간 20분 지나면 지구가 멸망할까요?

핵무기든 기후 위기든, 사람은 홀로 멸망하지 않을 겁니다. 대멸종은 인류를 포함해 지구에서 살아가는 생물 대부분이 멸종한다는

뜻이니까요. 사람들이 화석 연료를 본격적으로 태웠던 시기는 영국에서 산업혁명을 시작했을 무렵입니다. 과학자들은 산업 혁명기 기록을 기준으로 산업 혁명기보다 지구 평균 기온이 섭씨 1.5도 이상 오르면 위기를 피하기 어렵다고 봅니다. 그런데 이미 1.2도가 상승했어요.

  사람은 다른 생물의 도움 없이 생존할 수 있다고 쉽게 착각합니다. 화석 연료를 무지막지하게 소비하면서 홀로 살 수 있다고 믿어요. 그러나 우리 조상들은 달랐어요. 생태계의 모든 생물이 건강해야 사람도 건강할 수 있다는 걸 알았습니다. 하지만 화석 연료를 사용하면서 사람은 조상들의 가르침을 잊고 교만해졌어요. 그러자 감당하지 못할 기상 이변이 자주 닥칩니다.

  걱정이 크지만, 희망은 버리지 않아야겠습니다. 희망을 잃으면 대책을 세울 마음마저 식으니까요. 희망을 이어주는 사람을 소개할게요.

  2005년 2월 도로시 스탱 수녀님은 아마존 원주민과 생태계를 보호하려고 개발업자를 가로막았는데, 그만 총탄에 희생되었어요. 이후 뜻을 기리는 사람들이 수녀님이 쓰러진 장소에 모여 아마존 생태계 보전 운동에 나서고 있어요. 도로시 수녀님이 아니었다면 아마존은 벌써 망가졌을 거예요. 박그림 선생님은 고작 수백 마리 남은 산양을 보호하기 위해 설악산에 케이블카를 놓으려고 하는 걸 온몸으로 막아 내고 있어요. 이들의 노력은 단순히 산양과 아마존의 보전에만 그치는 게 아니에요. 생태계가 보전되면 여러분 같은 미래 세대가 건강하고 행복할 수 있어요.

  기후 위기가 이어진다면 종말을 피할 수 없다고 과학자들은 단정하지만, 다행히 대멸종은 늦춰지고 있습니다. 도로시 스탱 수녀님과 박그림 선생님 같은 분들의 진심 어린 행동 덕분입니다. 이제 우리가 대멸종을 막기 위한 노력을 이어 나가야 해요.

2. 경제가 성장할수록 행복해지나요?

부자가 되면 행복해질까요? 부자는 돈이 많은 사람이에요. 돈이 많으면 마음에 두었던 물건을 살 수 있으니 기분이 좋아집니다. 그런데 돈이 많다고 행복이 계속되는 건 아니래요. 친구와 이웃이 행복할 때 나도 행복할 수 있대요.

1974년 미국의 이스털린이라는 학자가 흥미로운 사실을 발표했어요. 25년 동안 연구해 보니 돈을 많이 번다고 행복해지는 건 아니라는 거예요. 돈이 어느 정도 늘어날 때까지는 행복이 커지지만, 그 이상 번다고 행복도 덩달아 늘어나는 건 아니라는 거예요. 1960년보다 300배 돈을 더 버는 2022년의 우리나라도 비슷해요. 행복이 늘어난 사람도 있겠지만, 많은 사람은 그렇지 않아요. 대부분 서로 경쟁하면서 스트레스에 시달리고 있어요.

평균 소득이 1만 달러로 오를 때까지 행복은 늘어나지만, 1만 달러를 넘어 4만 달러로 오를 때까지 행복은 그대로라고 주장하는 학자도 있어요. 소득이 4만 달러 이상 오르면 행복은 오히려 줄어든다고 해요. 이웃과 비교하면서 스트레스를 받기 때문이라는 거예요. 과시하려고 필요하지도 않은 물건을 사놓고 후회를 해요. 과시하던 물건은 더 근사한 물건이 나오자마자 싫증이 나요. 바꿔도 다시 새 물건이 나올 거예요. 스트레스가 심해지겠죠.

다른 사람보다 가난해서 안전한 물도 마시지 못하고 거센 비바람

을 막지 못하는 집에 살아야 한다면 불행할 겁니다. 가난으로 생기는 불행은 서로 도우면서 해결할 필요가 있습니다. 그러나 돈이 많아서 불행해지는 세상은 피해야 옳겠죠. 남과 비교해 물건을 더 사들이며 스트레스를 받는 일은 그만해야 합니다.

"경제 성장이 계속될 것으로 믿는 사람은 미치광이이거나 경제학자"라고 주장한 경제학자의 이야기, 기억하나요? 경제 성장이 지나치면 해로워집니다. 생태계가 파괴되고 기후 위기가 생겼어요. 경제 성장은 나와 이웃, 그리고 미래 세대도 행복할 정도가 적당합니다.

3. 환경과 생태를 위해 어떤 정의가 필요한가요?

'인디언'으로 잘못 불리는 '아메리카 선주민'은 훌륭한 말을 많이 남겼어요. "자연은 후손에게 잠시 빌려온 것"이라고 말하는 아메리카 선주민은 중요한 결정이 필요할 때 7세대까지 생각했다고 해요. 현재의 결정이 미래의 후손에게 해가 되지 않아야 한다는 생각, 참 근사하죠?

최신 가전제품으로 전기를 펑펑 쓸 때, 몸은 편해요. 하지만 후손을 생각하면 미안해집니다. 에어컨으로 불볕더위는 당장 해결할 수 있지만, 어떤가요? 미래 세대가 겪을 기상 이변은 더욱 심해질 거예요. 정말 미안하죠. 후손을 생각해서 화석 연료를 되도록 적게 소비하려고 노력하는 삶은 정의롭다고 말할 수 있어요.

우리는 미래 세대에 대한 정의를 미처 생각하지 못할 때가 많아요. 넓고 안락한 집, 편안하고 빠른 자동차로 미래 세대의 행복을 빼앗는 건 아닌지 살피지 않죠. 정의롭지 않아요. 자연은 어떨까요? 드넓은 갯벌을 매립하고 만든 공항에 사람이 탄 수많은 비행기가 오르내리지만, 갯벌의 생명은 한순간에 사라졌어요. 숲이 줄어들자 많은 동식물이 죽어갑니다.
  공장에서 오염된 물을 함부로 버리면 환경 정의를 지키지 않은 겁니다. 공장 주인은 돈을 더 벌겠지만, 사람들은 코를 막아야 해요. 목숨이 위험해질 수도 있고요. 미래 세대의 행복은 우리와 다를까요? 노을이 붉게 물든 가을 하늘을 파도치듯 가르며 기러기 떼가 날아옵니다. 해마다 그 모습에 가슴 벅찼는데, 미래 세대도 같은 마음일 겁니다. 건강한 생태계와 다양한 문화가 주는 혜택에 차별은 없어요. 예나 지금이나 마당에 하얀 눈이 쌓이면 즐겁죠. 문화와 자연을 누리는 행복은 미래 세대에게도 마찬가지입니다. 건강한 생태계를 미래 세대에게 물려주어야 옳아요. 조상들이 그랬듯 말이에요.

우리는 미래 세대의 행복을 빼앗는 건 아닌지 살펴야 해요. 건강한 생태계를 미래 세대에게 물려주어야 해요.

4. 생태계의 아름다움을 느낄 수 있는 세상을 만들 수 있나요?

1992년 4월, 인종차별에 분노한 흑인이 미국 로스앤젤레스에서 시위를 벌였습니다. 당시 백인 경찰이 흑인 청년을 범죄자로 오해해서 심하게 폭행을 하며 체포했어요. 그런데 폭력을 저지른 경찰이 무죄로 풀려나자 흑인들이 분노했어요. 시위 중 50여 명이 희생되었어요. 비슷한 일이 다시 생기지 않도록 반드시 기억해야 할 참사였어요.

미국은 물론이고 세계는 정의롭지 않은 경찰과 차별에 분노한 시위에 주목했어요. 그때 방송사에서 한 소년을 취재했는데, 그 방송을 본 생태학자가 무척 놀랐다고 해요. 그 소년이 자신 있게 "소리만 들어도 무슨 총인지 알지요!"라고 말했던 거예요. 자연에서 본 꽃을 기억하고, 아름다운 새 소리를 듣고 커야 할 나이인데, 총소리에 익숙하다니, 누구의 잘못일까요? 미국의 교육과 학교를 걱정한 생태학자는 크게 반성을 했죠.

생태학자는 시민들에게 제안을 했어요. 경쟁을 부추기는 학교에서 아이들을 자연으로 탈출시키자고요. 아이들이 시원하고 따뜻한 바람을 맞으며 아름다운 꽃과 나비를 만나볼 수 있도록, 예쁜 새와

귀여운 다람쥐에게 먹이를 전할 수 있도록 하자고 권한 거예요.

우리나라 학교도 대학 입학을 위한 공부에만 매달려요. 자연과 사회의 아름다운 관계에 관심을 기울이지 않아요. 경쟁을 부추기는 학교와 사회는 패배자를 만들어 내고 소외시킵니다.

생태계의 다양한 생물들은 조화롭게 살아가지요. 자연을 바라보면 마음이 한결 편안해집니다. 맑고 아름다운 새 소리를 들으며 생태계의 아름다움을 있는 그대로 이해한다면 미래 세대를 위험에 빠뜨리는 욕심을 키우지 않을 겁니다.

5. 지구의 모든 생물이 더불어 살려면 어떻게 해야 해요?

아프리카의 국립공원 수의사는 색다른 경험담을 전했어요. 맹수의 습격을 받았는지 넓적다리 가죽이 찢어진 기린이 병원을 찾아왔다고 해요. 간단한 수술 도구만 챙겨서 다가갔는데, 마취 없이 꿰매는 동안 기린은 고통을 참더라는 거예요. 끝났다고 엉덩이를 툭 치니 고맙다는 듯 병원 뜰을 서성이다 돌아갔다는데, 수의사는 그 감동을 평생 잊지 못할 거라고 했어요. 비슷한 이야기는 많아요. 끊어진 낚싯줄에 다리가 칭칭 감긴 백로가 풀어 달라며 사람에게 다가오는 동영상도 있더군요.

멕시코의 마야족은 개구리를 신의 전령으로 생각합니다. 개구리가 보이면 어딘가 깨끗한 물이 있다는 뜻이고, 농사를 지으며 가족과 살 수 있다는 의미라고 해요. 뉴질랜드 마오리족은 마도요를 보아야 봄이 왔다고 믿어요. 그런데 요즘 마도요를 보기 어려워졌다고 해요. 시베리아의 넓은 자연에서 여름을 보내고 땅이 얼어붙기 전에 뉴질랜드로 날아가는 마도요는 중간에 보름 정도 우리나라 갯벌에 내려앉아 먹이를 먹어야 해요. 기진맥진한 몸을 추스르며 체력을 회복해야 다시 날아오를 수 있는데, 갯벌이 사라지면서 마도요가 줄어들기 시작해요. 마도요가 사라지면 마오리족은 봄이 와도 봄을 느낄 수 없을 겁니다.

  사람은 가축을 대량으로 키우고 바다에서 물고기를 한꺼번에 잡아들이지만, 화석 연료가 없어지면 굶주릴 겁니다. 태평양 외딴섬에 사는 새가 새끼에게 플라스틱을 먹일 때, 사람은 정신을 차려야 해요. 사람은 생물이 줄어드는 환경에서 살아남을 수 없다는 사실을 깨닫고 서둘러 대책을 세워야 합니다.

  사람이 지구 자연의 90퍼센트 이상을 차지하고 있어요. 2021년 12월에 세상을 떠난 세계적 생태학자 에드워드 윌슨은 지구의 절반을 자연의 생물에게 돌려주자고 절박하게 호소했어요. 그래야 미래 세대가 생존할 수 있다고 말했어요. 지혜로운 사람은 지구를 어머니라고 말합니다. 생명을 끊임없이 낳으니까요. 어머니의 피부에 콘크리트를 붓고 살점의 90퍼센트를 떼어 낸다면 미래 세대는 생존할 수 없습니다.

지구의 절반이나 그 이상을 보전 구역으로 설정해야만,
환경을 이루는 생물들을 구하고
우리 자신도 생존에 필요한 안정을 이룰 수 있다.

– 에드워드 윌슨(1929-2021)

6. 어린이는 대멸종을 막기 위해 무엇을 할 수 있나요?

우리나라 정부는 2050년까지 '탄소 중립'을 이루겠다고 약속했어요. 탄소 중립은 인간이 배출하는 온실가스를 최대한 줄이고 흡수해서 온실가스 배출량을 제로로 만드는 것을 의미해요. 이제 30년도 남지 않았어요. 화석 연료에서 공기 중으로 나오는 온실가스 대부분을 없애는 방법을 반드시 찾아야 해요. 나무를 심거나 기술을 동원해서 이산화탄소를 줄여야 하는데, 시간은 없고 탄소 중립은 급해요. 30년 뒤 여러분은 물론이고 여러분의 아이도 건강해야 하잖아요. 그런데 기후 위기를 연구하는 과학자는 탄소 중립을 2040년 이전에 달성해야 안심할 수 있다고 새롭게 주장해요. 마음이 더욱 급해지는데, 어른들은 별로 걱정하지 않는 것 같죠?

온실가스를 가장 많이 내놓는 화력 발전소부터 가동을 멈추어야 탄소 중립이 빨라질 텐데, 문을 닫으려는 모습이 보이지 않아요. 어

떤가요? 여러분은 전기가 모자라나요? 가전제품을 줄이면 많이 불편할까요? 불편은 참고 견디면 익숙해질 수 있어요. 그러나 순간의 편리함을 위해 미래 세대의 생명을 버릴 수는 없잖아요.

　여러분! 가족과 친구, 이웃이 건강해야 비로소 행복할 수 있습니다. 이웃에 사람만이 아니라 자연의 동물과 식물도 포함해야 해요. 기후 위기가 닥치면 행복은 사라집니다. 어른들의 욕심을 반대하는 여러분의 단호한 목소리가 필요해요.

　우리는 지금 과거 어떤 시대의 황제보다 더 많은 에너지를 소비하면서 넘치는 물건 속에서 삽니다. 이제 오늘과 내일의 행복을 위해 기후 위기를 극복하고 지구를 살려, 나와 미래 세대에게 선물을 줍시다. 바로 생존이라는 선물입니다.